Seu Filho e a Astrologia
LEÃO

Maite Colom

Seu Filho e a Astrologia
LEÃO

Tradução
Claudia Gerpe Duarte
Eduardo Gerpe Duarte

Editora Pensamento
SÃO PAULO

Título original: *Tú y Tu Pequeño Leo.*

Copyright © 2012 Atelier de Revistas/Maite Colom. www.ateliermujer.com.

Direitos de tradução mediante acordo com Zarana Agencia Literaria.

Copyright das ilustrações ©Thinkstock.

Copyright da edição brasileira © 2016 Editora Pensamento-Cultrix Ltda.

Texto de acordo com as novas regras ortográficas da língua portuguesa.

1ª edição 2016.

Todos os direitos reservados. Nenhuma parte deste livro pode ser reproduzida ou usada de qualquer forma ou por qualquer meio, eletrônico ou mecânico, inclusive fotocópias, gravações ou sistema de armazenamento em banco de dados, sem permissão por escrito, exceto nos casos de trechos curtos citados em resenhas críticas ou artigos de revista.

A Editora Pensamento não se responsabiliza por eventuais mudanças ocorridas nos endereços convencionais ou eletrônicos citados neste livro.

Editor: Adilson Silva Ramachandra
Editora de texto: Denise de Carvalho Rocha
Gerente editorial: Roseli de S. Ferraz
Preparação de originais: Marta Almeida de Sá
Produção editorial: Indiara Faria Kayo
Assistente de produção editorial: Brenda Narciso
Editoração eletrônica: Join Bureau
Revisão: Vivian Miwa Matsushita

Dados Internacionais de Catalogação na Publicação (CIP)
(Câmara Brasileira do Livro, SP, Brasil)

Colom, Maite
    Seu filho e a astrologia: leão / Maite Colom; tradução Claudia Gerpe Duarte, Eduardo Gerpe Duarte. — São Paulo: Pensamento, 2016.

    Título original: Tú y tu pequeño leo.
    ISBN 978-85-315-1936-9

    1. Astrologia 2. Astrologia esotérica 3. Horóscopos 4. Zodíaco I. Título.

16-01296   CDD-133.52

Índice para catálogo sistemático:
1. Signos do Zodíaco: Astrologia   133.52

Direitos de tradução para o Brasil adquiridos com exclusividade pela
EDITORA PENSAMENTO-CULTRIX LTDA., que se reserva a
propriedade literária desta tradução.
Rua Dr. Mário Vicente, 368 — 04270-000 — São Paulo — SP
Fone: (11) 2066-9000 — Fax: (11) 2066-9008
http://www.editorapensamento.com.br
E-mail: atendimento@editorapensamento.com.br
Foi feito o depósito legal.

Sumário

Como é o seu filho leonino?	7
Conheça melhor o seu leonino	11
Seu caráter	15
Sua aparência	17
Ele gosta de andar na moda?	17
Como ele é na sala de aula?	18
O que ele gosta de comer?	18
Esportes e *hobbies*	19
Seu futuro profissional	20
Como você se relaciona com o seu filho leonino	21
Se você é de Áries	22
Se você é de Touro	24

Se você é de Gêmeos 26

Se você é de Câncer 28

Se você é de Leão 30

Se você é de Virgem 32

Se você é de Libra 34

Se você é de Escorpião 36

Se você é de Sagitário 38

Se você é de Capricórnio 40

Se você é de Aquário........................... 42

Se você é de Peixes............................. 44

Como é o seu filho leonino de acordo com o horóscopo chinês 47

Se o seu leonino é de Rato...................... 49

Se o seu leonino é de Boi 53

Se o seu leonino é de Tigre 57

Se o seu leonino é de Coelho................... 61

Se o seu leonino é de Dragão................... 65

Se o seu leonino é de Serpente................. 69

Se o seu leonino é de Cavalo 73

Se o seu leonino é de Cabra 77

Se o seu leonino é de Macaco 81

Se o seu leonino é de Galo...................... 85

Se o seu leonino é de Cão...................... 89

Se o seu leonino é de Javali 93

Como é o seu filho leonino?

A criança do signo de Leão é alegre, aberta, simpática, brincalhona, entusiasmada, tem uma vitalidade explosiva. Investe uma grande paixão em tudo o que faz. É muito ativa, tem um caráter marcante e sempre estará em movimento. Ela é, acima de tudo, forte e resistente, mas precisa de grandes doses de carinho e agrados. É um bebê que exige muita atenção; tentará ser o rei ou a rainha da casa e ter um público, o qual ele atrairá principalmente fazendo coisas exageradas e palhaçadas do seu jeito.

Graças à sua boa disposição e alegria é uma criança que fará amigos com facilidade, embora tenha sempre a necessidade de ser a líder em todas as brincadeiras; caso contrário, ficará de mau humor. Não tolera receber ordens com muita facilidade e costuma dar escândalos estrondosos, os quais, por outro lado, logo passam, depois de certo retraimento premeditado.

Em determinados momentos, essa criança pode ser dominada pela preguiça, algo que também acontece com os leões na selva, que procuram repousar depois de uma fase de hiperatividade e estado de alerta. Ela é extremamente inteligente e aprende muito rápido, mas somente quando está disposta. No que diz respeito às brincadeiras, ela precisa desenvolver a sua parte mais criativa, bem como o seu grande dom de liderança, mas é preciso ensinar-lhe a não ser excessivamente mandona. Ela é muito generosa e não se importará em compartilhar os seus brinquedos com outras crianças, mas estabelecerá algumas regras.

Conheça melhor o seu leonino

Ele é o rei ou a rainha da selva, é muito expressivo e criativo e tem um grande coração, e você não terá a menor dúvida disso. Ele emana um calor humano natural. É orgulhoso e decididamente não tolera ser colocado em uma situação ridícula ou constrangedora. Normalmente se destaca apenas pela sua presença, já que costuma chamar atenção naturalmente. Ele é muito expressivo porque gosta de exteriorizar a sua personalidade. Irradia poder, energia, disposição e é muito generoso. Ama bastante a família e é muito fiel a ela. O seu ímpeto ou entusiasmo pode ser tão respeitável e intenso que, com frequência, não percebe o que os outros pensam ou sentem.

Ele pode ficar convencido de que o adoram intensamente quando a verdade é justamente o oposto, e às vezes é um pouco presunçoso. Além disso, um agrado pode neutralizar a sua "ferocidade". Ele nunca oculta nada, diz o que está na cabeça sem pensar duas vezes, embora saiba que isso às vezes o prejudica. O seu semblante é extremamente expressivo e deixa transparecer para todos, com detalhes, tudo o que ele pensa e sente com relação a eles. Ele pode ter uma faceta incipiente de artista, músico ou escritor. É muito seguro de si e precisa de autoafirmação constante, mas não tolera bem as críticas e tampouco suporta as pessoas pessimistas e deprimidas.

Ele investe toda a força nas coisas em que acredita. Quando não se vê obrigado a lutar e se defender, preocupado em proteger a sua "honra" ou a honra de algum amigo, pode ser extremamente bondoso. Brilha como o sol. Destaca-se à primeira vista, porque está sempre atraindo as atenções, ou simplesmente resplandece por si mesmo. Ele tem um bonito porte e se destaca pela simpatia. Precisa muito ter amigos e uma vida social.

Seu caráter

GOSTA: de se sentir o centro das atenções e ser mimado. De comandar, de organizar, da aventura e dos desafios.

NÃO GOSTA: do que é normal, da rotina, da mesmice. Não suporta ser colocado em uma situação constrangedora ou ridícula diante dos outros e não tolera a falta de franqueza.

ASPECTOS NEGATIVOS: ingenuidade, pouca capacidade de autocontrole, egocentrismo, vaidade, impaciência, autoritarismo, cólera.

CONTRASTES: seguro de si, fiel, porém autoritário e rabugento.

CORES: dourado, laranja, bege.

ANIMAIS COM OS QUAIS SE IDENTIFICA: leão, gato, leopardo, cachorro ou cavalo.

PEDRAS: olho de tigre, diamante, âmbar, rubi.

PLANETA: Sol.

Sua aparência

Olhos claros e brilhantes, grandes e um pouco amendoados; olhar desafiador. Cabelos claros, às vezes louros ou avermelhados, ondulados, com bastante brilho. Boca firme com lábios carnudos ou finos, bem definidos e sensuais. Pele clara. Alto, de compleição forte e costas largas. Ombros largos e quadril estreito. Tórax e braços mais desenvolvidos do que o abdômen e as pernas. O seu andar é altivo, nobre, decidido e solene. Ele não caminha, desfila.

Ele gosta de andar na moda?

Tem um estilo próprio, original e diferente. Alguns leoninos gostam de variar a roupa e outros vestem sempre a mesma coisa. Ele gosta de se destacar, das boas marcas, e não dá a mínima para o que os outros pensam; o que importa é que ele ache que teve bom gosto na escolha e se sinta maravilhosamente bem. Os tons que mais o favorecem são os alaranjados, o dourado, amarelo, preto... assim como cores que chamem atenção.

Como ele é na sala de aula?

Tem facilidade para aprender, desde que esteja entusiasmado, é claro. Não gosta de normas nem de disciplina, mas tem capacidade de organização e sabe – e aprecia – dirigir e dar ordens. Ele se destaca muito nas aulas, inclusive às vezes rebatendo o professor e dizendo o que ele tem de fazer ou mostrando onde ele se equivocou. Talvez preste mais atenção aos amigos do que à aula, mas é perseverante quando se propõe a sê-lo. Frequentemente não está de acordo com o que considera "imposições".

O que ele gosta de comer?

Ele é o centro das atenções à mesa, seja porque faça palhaçadas porque não gosta do que foi servido (embora acabe comendo), seja porque precisa devorar a comida com as mãos. É uma criança caótica à mesa, e quando está com fome não fala e tampouco faz qualquer cerimônia. Odeia os pratos insossos e precisa fazer drama enquanto come. Ele gosta de carne vermelha, aves, ensopados, croquetes recheados com queijo, tudo acompanhado de alguma verdura (porém em pouca quantidade), arroz, massas... Acima de tudo, precisa ser servido, e é fundamental que não falte o "seu prato favorito", que você sabe muito bem qual é; caso contrário, ele dá "um chilique".

Esportes e *hobbies*

Aprecia muito os esportes nos quais consegue ganhar e mandar. Ele procura estar sempre em forma. Gosta de se distinguir, que o admirem e se entusiasma muito com tudo, principalmente quando se sai bem. Os esportes em equipe o agradam desde que o deixem mandar ou ser o capitão. Gosta de competir, porém sem excessos: ficar abatido e exausto com a língua de fora não combina com ele. Ele busca algo original, pouco habitual, pouco vulgar. Os seus esportes favoritos podem ser: tênis, navegação à vela, levantamento de pesos, remo, esqui, nado sincronizado, alongamento, dança moderna…

Seu futuro profissional

As profissões mais adequadas para os nascidos sob o signo de Leão são: administrador, organizador de espetáculos, professor, diretor de empresa ou executivo. As profissões de artista, decorador, músico, *paparazzi*, modelo ou regente de orquestra também combinam muito com ele. Muitos leoninos são pediatras, cardiologistas, políticos, joalheiros, atletas, decoradores. O ideal para um leonino seria qualquer profissão relacionada com a criatividade.

Como você se relaciona com o seu filho leonino

Se você é de Áries

Você é extremamente dinâmica, forte e resistente, generosa e, às vezes, hiperativa. Parece que exige muito do seu filho, não tem medo das queixas ou faniquitos dele e só deseja o melhor para ele. Você tem muita energia, nunca se cansa de repetir várias vezes as mesmas coisas. Defende intensamente o seu filho e sabe resolver com doses de realismo os pequenos problemas dele. Você tem grandes expectativas e, às vezes, é difícil de agradar. Você é uma mãe dedicada, disposta a tudo para que o seu filho se sinta bem. Porém, acima de tudo, você incentiva o seu filho a ser independente, a não precisar de ninguém.

Você o ensina naturalmente a ser autossuficiente, independente, batalhador e ao mesmo tempo responsável.

O seu filho leonino não suporta bem receber ordens; além disso, os dois gostam de mandar, o que poderá, de tempos em tempos, provocar uma briga em casa. Porém o carinho e a devoção que vocês têm um pelo outro amenizarão a maioria das discussões e dos chiliques. O seu filho precisa, acima de tudo, ser o centro das atenções e receber grandes demonstrações de afeto, algo que será muito fácil lhe proporcionar.

Combinação Fogo/Fogo:

Vocês se entendem, embora possam provocar um ao outro para tentar descobrir o ponto fraco. A mãe do signo de Fogo sabe estimular o espírito ativo e criativo do seu filho também de elemento Fogo, e tudo irá bem se não houver imposições. Vocês costumam compartilhar as mesmas ideias e os mesmos pontos de vista, embora apreciem "a arte da guerra".

Se você é de Touro

Você é disciplinada, cuidadosa e tranquila, econômica, e está sempre pensando no dia de amanhã. Nunca faltará nada na sua casa, nem para o seu filho nem para os amigos dele. Você talvez seja um pouco possessiva e excessivamente protetora com relação a ele, e é difícil fazê-la mudar de opinião. Você se importa muito com a educação do seu filho e pode pressioná-lo em excesso. Além disso, você é persistente, a sua paciência é infinita, à prova de bombas e chiliques. A sua casa precisa estar arrumada e o quarto do seu filho também, senão o seu mau humor se fará presente. Você defende os seus contra tudo e todos.

Você ensina naturalmente ao seu filho valores como a perseverança, a paciência, o amor pelos animais e pela natureza, e o ensina a valorizar as pequenas coisas da vida.

Touro e Leão não estarão livres de disputas, debates acalorados e constantes desafios. Tanto você quanto o seu filho têm ideias fixas e não dão o braço a torcer com facilidade, embora gostem imensamente um do outro. O seu filho leonino sempre tentará chamar sua atenção com brincadeiras ou palhaçadas, exigindo atenção absoluta. Os agrados e as palavras carinhosas lhe transmitem segurança e fortalecem a tremenda autoestima dele.

Combinação Terra/Fogo:

A combinação desses elementos, apesar de não serem compatíveis, é favorável graças à tranquilidade e à segurança que a mãe do signo de Terra transmite à hiperativa criança do elemento Fogo. Haverá discussões porque cada um vai querer fazer as coisas exclusivamente do seu próprio jeito.

Se você é de Gêmeos

Você é divertida, falante, inquieta e agitada. Você é sociável e gosta muito de ficar ao telefone e de falar sobre qualquer assunto com o seu filho, esteja ele onde estiver. Você gosta de rir e dará boas risadas com as brincadeiras do seu filho, e é provável que se junte a elas. Adora sair para fazer compras com o seu filho, e para ele você é uma mãe bastante *fashion*. Parece que você o deixa fazer tudo, mas você tem um código de ética muito rígido, de acordo com o qual há coisas que você não aceita com facilidade. Por sorte, o seu filho pode falar com você a respeito de tudo, a qualquer hora, o que alimenta a confiança entre vocês.

Você ensina naturalmente o seu filho a se comunicar, a saber se impor, a negociar, a compartilhar ideias e experiências com todo mundo sem julgar ninguém.

Você sabe dar ao seu filho o espaço de que ele necessita e, além disso, como ele não tolera bem as ordens, e você não é muito de mandar, vocês chegarão a um bom equilíbrio e um perfeito entendimento. Procure prestar bastante atenção a ele e não se distrair quando ele lhe estiver contando alguma coisa... porque seu filho adora ser o centro do mundo. No entanto, como ele é um sedutor nato, será difícil para você não se dedicar inteiramente a ele.

Combinação Ar/Fogo:

A mãe do signo de Ar e o filho do signo de Fogo se sentirão maravilhosamente bem ao lado um do outro. A mãe do elemento Ar sabe deixar que o seu filho aprenda no seu próprio ritmo, experimentando, e não costuma ser muito rígida, embora isso possa gerar certa dispersão na criança do elemento Fogo.

Se você é de Câncer

Você é a grande mãe do zodíaco. A família é a coisa mais importante para você. É um tanto possessiva e controladora, mas também muito dedicada ao seu filho e a toda a família. Você é como um porto seguro, sempre presente para o que o seu filho possa precisar. Talvez você seja um pouco rígida, impondo muita disciplina, e como, além disso, você tem uma memória prodigiosa, é difícil que deixe escapar as coisas ou que tentem bajulá-la. Mas você pode ter altos e baixos na sua disposição de ânimo, pode passar do bom humor ao mau humor em um piscar de olhos, o que talvez afete o seu filho ou faça com que ele não consiga compreendê-la inteiramente, conforme o signo dele.

Você ensina naturalmente o seu filho a ter sensibilidade, a desenvolver dons artísticos, a gostar de todo mundo da mesma maneira, a ter ambição e a conseguir o que quer sem pisar em ninguém.

Um filho Leão costuma sempre representar um desafio, mas não para você. Ele exige uma atenção constante, que você saberá proporcionar a ele a cada momento, graças a sua alta sensibilidade. O que ele não tolerará tão bem é a sua necessidade de controlá-lo. O seu filho não deixará facilmente que você mande nele. Mas com amor e atenção você conseguirá muito mais dele do que dando ordens e impondo limites.

Combinação Água/Fogo:

Embora a Água seja um elemento incompatível com o Fogo, a relação será de puro amor e, principalmente, de paixão e devoção de um pelo outro, apesar dos frequentes conflitos e faniquitos gerados pela criança do elemento Fogo para chamar a atenção da sua mãe.

Se você é de Leão

Você é carinhosa, tem paixão pelo seu filho e o cobre de cuidados e atenção. Porém você tem uma personalidade muito forte e é autoritária; espera muito do seu filho e pode ser um pouco opressiva com ele. É exigente e controladora, não deixa passar nada, mas às vezes é muito afetuosa e o defende com unhas e dentes. Você impõe muita ordem e disciplina, mas é generosa. É criativa e certamente tem um *hobby* que vai compartilhar com o seu filho. Além disso, você adora se divertir. Você se cuida muito porque gosta de estar magnífica, e o seu filho assimilará isso, frequentemente disputando o banheiro com você.

Você ensina naturalmente o seu filho a se valorizar, a defender os seus valores e ele próprio, a ser autossuficiente e a estimular e desenvolver a criatividade.

Você conhece perfeitamente o seu filho leonino, sabe do que ele necessita a cada momento e oferece isso a ele, com grandes doses de carinho para aumentar a autoconfiança dele. Ele é um filho leal, muito carinhoso, nobre e honesto, que chama atenção aonde quer que vá. Vocês adoram fazer brincadeiras e compartilhar *hobbies*, esportes, jogos e desafios. De vez em quando ele tentará medir a autoridade dele com a sua e a desafiará, mas isso será como mais uma brincadeira.

Combinação Fogo/Fogo:

Vocês dão um grande apoio um ao outro, embora costumem se deixar dominar pela impaciência. Cada um requer e pedirá o seu lugar, a sua parcela de autoridade e podem competir para ver quem pode mais. Vocês se entendem sem palavras e cada um sente muito orgulho do que o outro faz ou diz.

Se você é de Virgem

Você é prática, organizada e metódica, embora, às vezes, muito nervosa e excessivamente preocupada com detalhes, o que o seu filho certamente não entende. No que depender de você, nunca faltará nada ao seu filho, porque você é detalhista e observadora. No entanto você não tolerará um mínimo de desordem ou de sujeira.

Você é esforçada, não para quieta um instante e não costuma suportar ver o seu filho parado ou divagando. Em virtude de sua tendência para o perfeccionismo, você pode ser bastante crítica com ele. Entretanto, ao mesmo tempo, você se justifica e se responsabiliza por todos os problemas e sente culpa, porque costuma estar sempre receosa de que possa acontecer algo com ele.

Você ensina naturalmente o seu filho a ser organizado, a prestar atenção aos detalhes, a ter bom senso, a desenvolver o amor pela natureza e a se cuidar de uma maneira saudável.

O seu filho é um ator nato. Você talvez tenha notado que ele adora "dramatizar" as coisas, principalmente quando você lhe dá uma ordem que não lhe agrada. De fato, ele precisa ser o rei ou a rainha da casa, doa a quem doer. O leonino é explosivo, não aceita que mandem nele sem mais nem menos, mas, se você usar o bom senso e elogiar os méritos ou talentos dele, conseguirá muito mais do que poderia imaginar.

Combinação Terra/Fogo:

Poderá haver um choque de "egos" entre os dois elementos, porque ambos têm uma personalidade forte, com gostos acentuados. A criança do elemento Fogo evidenciará o seu grande coração e a sua ousadia, e a mãe de Terra deixará que ela faça quase tudo, até certo limite, e isso o Fogo não tolerará bem.

Se você é de Libra

Você é refinada e cuidadosa, compreensiva, doce, porém firme. Você pode, às vezes, fazer ameaças verbalmente, mas não costuma pôr em prática os castigos, porque é do tipo que sempre oferece uma segunda oportunidade. Você procura compreender e ajudar em tudo o seu filho, porém muitas vezes você acredita ter razão e se torna inflexível. No entanto você não suporta brigas; prefere chegar a um acordo e fazer as pazes ou negociar. Acima de tudo, você procura a harmonia, quer que seu filho esteja bem cuidado, saiba que é amado e tenha uma esplêndida educação. Também é importante para você que o seu filho ande bem arrumado.

Você ensina naturalmente ao seu filho a arte da diplomacia, lhe ensina a desenvolver um forte sentido de justiça, sociabilidade, elegância, amor pelas artes e pelas ciências.

O seu filho leonino exige muita atenção, admiração e carinho, o que você não hesitará em lhe conceder. Além disso, você sabe como estimular a sua tremenda criatividade e seus dons artísticos. Ele se habituará a, de vez em quando, "dramatizar" as situações, mas você saberá dominar os faniquitos e caprichos dele por meio do seu bom senso e da capacidade de discernimento que você conseguirá transmitir e que ele absorverá como uma esponja.

Combinação Ar/Fogo:

Os dois elementos são muito compatíveis. Apesar disso, sempre haverá algum conflito por causa de opiniões diferentes e porque o Fogo gosta muito de mandar. Vocês querem muito bem um ao outro, sentem uma admiração mútua, e é possível que a mãe do signo de Ar sinta uma grande devoção pelo filho e vice-versa.

Se você é de Escorpião

Você é criativa, comunicativa e muito divertida. No entanto, não permite que discutam as suas regras. Nisso, você é muito rígida e rigorosa, embora seja muito generosa e dedicada ao seu filho. Cuida dele e o protege como ninguém, embora tente ensiná-lo a se defender e enfrentar sozinho os problemas que encontrar.

Você é exigente com os estudos dele e não suporta fraquezas. Percebe na hora quando o seu filho está passando por alguma dificuldade e corre para ajudá-lo. Você lhe ensinará muito bem como enfrentar os problemas. Alterna períodos de tranquilidade com outros de irritabilidade, o que seu filho talvez não entenda.

Você ensina naturalmente o seu filho a desenvolver o poder de convicção, ter domínio das emoções, a seguir as próprias regras e a não deixar que pisem nele.

O seu filho leonino é um ator nato e precisa de grandes doses de afeto e admiração, que você saberá proporcionar-lhe em abundância em todos os momentos. Ele não tolerará bem as suas críticas e nem vai gostar que você mande demais nele, por isso talvez ocorram disputas para ver quem "pode mais", mas você sabe controlar bem a situação e, de vez em quando, cede um pouco de terreno, porque entende que o seu filho precisa ser o centro das atenções.

Combinação Água/Fogo:

A compatibilidade é boa, porque os dois elementos são passionais e se conhecem bem, mas os atritos serão frequentes em razão do caráter prepotente de ambos. Cada qual desejará impor o seu jeito de fazer as coisas, mas não faltará amor e um grande carinho entre ambos.

Se você é de Sagitário

Você é aberta, compreensiva, sincera e íntegra. Talvez um pouco exagerada e distraída, e com tendência a dar muitos conselhos, mas é muito afetuosa e carinhosa. Sempre diz o que pensa, talvez com excessiva franqueza, algo que você deverá controlar para não magoar o seu filho. É muito brincalhona e costuma estar de bom humor, embora às vezes tenha alguns ataques de raiva. Com certeza, você fala mais de dois idiomas e adora viajar, algo que você vai estimular no seu filho, o que conferirá a ele muita liberdade, cultura e um senso ético e moral bastante sólido.

Você ensina naturalmente o seu filho a acreditar nos ideais dele, a formar uma ética e uma moral humanitária, a rir de si mesmo e desfrutar a vida.

O seu filho leonino é cheio de energia e tem paixão pela aventura, assim como você, mas ele precisa de doses extras de afeto, elogios e atenção, porque o intenso orgulho dele pode se ferir com facilidade se você não der atenção a ele ou não estiver suficientemente atenta a ele. As discussões serão veementes, mas não durarão mais de dez minutos. Além disso, o seu sentido prático e o seu jeito divertido aplacarão qualquer tensão.

Combinação Fogo/Fogo:

Vocês se complementam bem, e você compartilhará muitas atividades com o seu filho porque no fundo você também é inquieta. Vocês encaram o mundo de uma maneira semelhante e se encorajam mutuamente. Vocês também gostam de provocar um ao outro e perder-se em minúcias. Depois dos aborrecimentos, as brincadeiras voltarão a reinar.

Se você é de Capricórnio

Você é exigente com o seu filho, mas também é muito carinhosa; obstinada, porém terna. Parece que não descansa nunca; você se levanta bem cedo e vai dormir tarde, para que nada falte a ele em nenhum momento. Você é um porto seguro para o seu filho, é muito responsável e habitualmente parece preocupada com tudo.

Espera muito do seu filho, já que você mesma é bem-sucedida e brilhante, planejadora e muito detalhista. Não costuma tolerar fraquezas e nem a desobediência. Além disso, você tem paciência e astúcia para conseguir o que quer. Você costuma desconfiar muito das companhias do seu filho.

Você ensina naturalmente ao seu filho como se defender e também a arte da paciência, da autodisciplina e, principalmente, que ele precisa unir a obrigação com o bom humor.

Você sabe cuidar do seu filho leonino e mimá-lo, você lhe transmite a segurança de que ele necessita e não se reprime na hora de elogiar todas as façanhas dele. Além disso, você entende que ele precisa ser o protagonista em tudo e que isso incentiva muito a extraordinária criatividade dele. O seu filho sempre fará as coisas do jeito dele por mais que você tente lhe impor normas e maneiras de agir, embora ele faça você pensar que está fazendo tudo do jeito que você quer.

Combinação Terra/Fogo:

Embora a Terra e o Fogo não sejam elementos 100% compatíveis, essa combinação será repleta de amor e muitas risadas e experiências, apesar dos freios que a mãe do signo de Terra tentará impor ao filho impulsivo, inconstante e aventureiro.

Se você é de Aquário

Você é amável e brincalhona, carinhosa e amigável, mas, embora pareça muito livre e tolerante, no fundo, você é bastante rígida; sempre quer saber o que se passa na cabeça do seu filho. Ele pode falar a respeito de tudo com você sem reservas, e você sempre está disponível para brincar. Você não é excessivamente protetora nem dominadora, mas está sempre atenta para que não falte nada ao seu filho, sem se estressar. Você é compreensiva e costuma ver o lado bom de todas as coisas, inclusive de uma travessura. Dará ao seu filho valores culturais, éticos, artísticos e, acima de tudo, humanos e humorísticos.

Você passa naturalmente ao seu filho valores como a amizade, a justiça social e a liberdade, desenvolve a criatividade inata dele e o ensina a ser independente.

Você sabe conceder espaço ao seu criativo filho leonino e esbanja elogios, e ele realmente a deixa boquiaberta muitas vezes. Você terá dificuldade em lidar com o caráter forte dele, mas com afeto e agrados você chegará a controlá-lo bastante bem. Acima de tudo, ele exige atenção e afeto, quando então dá o melhor de si mesmo. Ele é extremamente carinhoso, e você ficará deslumbrada com os dons criativos e a inteligência dele.

Combinação Ar/Fogo:

Esta é uma combinação compatível em todos os sentidos. Vocês sabem como se provocar mutuamente, gostam de mudanças, são inquietos e foram feitos um para o outro. Ao mesmo tempo que se tratam com carinho, vocês também podem dar origem a uma guerra verbal de vez em quando.

Se você é de Peixes

Você é muito generosa e dedicada ao seu filho, pouco disciplinadora e bastante carinhosa e compreensiva. Você se entrega completamente ao seu filho, mas deixa que ele faça o que tem vontade; você não o monopoliza e nem costuma reprimi-lo. Você tem uma imaginação poderosa e certamente se dedica a uma atividade artística, por isso costuma incentivar a criatividade do seu filho. Você não costuma discutir porque acha isso detestável. No entanto você passa rapidamente da alegria à apatia, o que o seu filho, às vezes, não consegue entender. Você estimulará nele a sensibilidade, o senso crítico e humano e a capacidade de sonhar.

Você ensina naturalmente o seu filho a ser sensível, a usar sem medo a intuição, e estimula a criatividade e os dons artísticos dele.

Você sabe intuitivamente bem que o seu entusiasmado filho leonino precisa ser o centro do universo, e você o cerca de atenção e elogios porque sabe que isso estimula a autoestima dele. Muitas vezes, ele a deixará boquiaberta por causa da confiança e da fé que ele tem em si mesmo. Ambos se adoram, e você não hesitará em lhe dar em grande quantidade o amor e o afeto que ele exige. Se você não fizer isso, ele se encarregará de lembrá-la.

Combinação Água/Fogo:

A relação entre os dois elementos não é fácil, mas também não é impossível. A mãe do signo de Água, por mais que tente controlar a criança do elemento Fogo, raramente o conseguirá por meio de normas e regras. O carinho será o seu grande aliado para que você seja capaz de apaziguar o Fogo.

Como é o seu filho leonino de acordo com o horóscopo chinês

A astrologia chinesa leva em conta a Lua para elaborar o horóscopo (e não o Sol, como é o caso do horóscopo ocidental). Em vez de dividir o ano entre doze signos, os chineses usam um signo para cada ano. Em outras palavras, cada ano é regido por um animal que influencia fortemente o nosso caráter e o nosso destino. O ano chinês começa na primeira Lua Nova do ano (quando a Lua não aparece no céu).

Além de um animal, cada pessoa tem um elemento que lhe é associado. Os elementos são em número de cinco: Madeira, Fogo, Terra, Metal e Água. O Metal é poderoso e confere firmeza de caráter e força de vontade. A Água é sensível e outorga a desenvoltura da palavra. A Madeira proporciona criatividade e realismo. O Fogo confere dinamismo e impulso. E a Terra proporciona um caráter estável e prático.

Se o seu leonino é de Rato...

A criança nascida sob o signo do Rato tem um encanto natural, é esperta, inquieta, muito vivaz, dinâmica, ardilosa e bastante inteligente. Tem inclinação para as artes, a literatura e os esportes. Normalmente é tranquila e alegre, mas se irrita com muita facilidade e fica zangada quando não consegue o que quer, embora, por sorte, os chiliques logo passem.

À medida que você a vir crescer, notará também que ela irá adquirir certa capacidade de liderança e autoridade em um grupo. Na verdade, ela faz amigos com facilidade. Tem o poder de convicção e gosta de desafios; além disso, sabe escapar dos problemas com enorme facilidade.

Ela é comunicativa por natureza, grande oradora, às vezes tem a língua afiada. Costuma conseguir o que deseja graças ao seu dom da palavra. É afetuosa e passional e tem uma grande capacidade de aprendizagem e ânsia de saber. A sua mente é hiperativa.

É uma crítica genial e mordaz, mas tem muitas manias. Essa criança é dominada pela impaciência e é difícil para ela se adaptar ao ritmo lento dos demais por causa de sua grande rapidez nos reflexos físicos e mentais.

- Aspectos positivos: é alegre, amável, vivaz e generosa.
- Aspectos negativos: é fofoqueira e hiperativa.
- Compatibilidade: o Rato é compatível com o Boi, o Dragão e o Macaco, e nem tanto com a Cabra e o Javali.

O seu filho é de Rato se nasceu ou vai nascer nas seguintes datas:

▹ De 19 de fevereiro de 1996 a 6 de fevereiro de 1997: Rato de Fogo.

▹ De 7 de fevereiro de 2008 a 25 de janeiro de 2009: Rato de Terra.

▹ De 24 de janeiro de 2020 a 10 de fevereiro de 2021: Rato de Metal.

Se o seu leonino é de Boi...

A criança nascida sob o signo do Boi é sociável, tranquila, dócil, carinhosa e paciente, e também um pouco tímida com pessoas que não conhece bem. No entanto, uma vez que adquire confiança, ela logo fica à vontade, e como!

A sua natureza é despreocupada e, embora seja cumpridora dos seus deveres, no fundo é bastante comodista. Ela ama a boa vida e, apesar do seu caráter aprazível, costuma ter explosões de raiva (ou permanecer firme em sua opinião) quando não gosta de alguma coisa. Acima de tudo, precisa que a deixem tranquila para que possa fazer as coisas do seu jeito sem que a incomodem.

Você ficará surpresa com o seu espírito independente, firme e determinado. Ela gosta de mandar, mas é amável no tratamento às pessoas. Sabe se distrair sozinha e é bastante segura de si mesma. Além disso, é uma criança muito criativa, que aceitará de bom grado ou pedirá jogos de construção, de maquetes ou que envolvam a arte e a música. Enfim, tudo aquilo que possa enriquecer os seus cinco sentidos!

Ela gosta de bater papo, porém não é amiga de discussões ou polêmicas, as quais ouve, mas prefere guardar silêncio em relação a elas. Não tolera bem o estresse ou as mudanças bruscas.

- ASPECTOS POSITIVOS: é amável, confiável e sensata.
- ASPECTOS NEGATIVOS: é teimosa e obstinada.
- COMPATIBILIDADE: se dá muito bem com o Rato, a Serpente e o Galo, e nem tanto com o Dragão, o Cavalo, a Cabra e o Coelho.

> **O seu filho é de Boi se nasceu ou vai nascer nas seguintes datas:**
>
> ▷ De 7 de fevereiro de 1997 a 28 de janeiro de 1998: Boi de Fogo.
>
> ▷ De 26 de janeiro de 2009 a 13 de fevereiro de 2010: Boi de Terra.
>
> ▷ De 11 de fevereiro de 2021 a 31 de janeiro de 2022: Boi de Metal.

Se o seu leonino é de Tigre...

A criança nascida sob o signo do Tigre é muito ativa, direta e franca, batalhadora, aventureira, pouco amante da disciplina e da ordem, e não tolera injustiças (na sua concepção particular do bem e do mal). No entanto, por outro lado, é divertida, alegre, carinhosa, brincalhona, curiosa e passional.

Adora os desafios e os jogos de competição, e não gosta de perder. É incansável e precisa de liberdade de ação para explorar ou levar a cabo a ideia seguinte que lhe surja na cabeça (caso contrário, reclamará).

É rebelde e um pouco irritável porque se estressa com facilidade. Quando alguma coisa a contraria, ela se torna muito agressiva e fica na defensiva, sendo capaz de dar chiliques terríveis. Não tolera bem as ordens, mas gosta de dá-las.

Essa criança sabe se fazer respeitar devido ao seu magnetismo e seu ar de nobreza, além de ter uma grande capacidade de fazer amigos. É participativa e comunicativa, embora seja muito direta – ela vai diretamente ao ponto e diz tudo o que pensa. É teimosa, mas nem um pouco rancorosa.

- ASPECTOS POSITIVOS: é valente, leal, inteligente e persistente.
- ASPECTOS NEGATIVOS: tende a não respeitar as normas, é orgulhosa.
- COMPATIBILIDADE: o Tigre se dá bem com o Cão, o Cavalo e o Javali. Tem algumas dificuldades com a Cabra e o Macaco.

O seu filho é de Tigre se nasceu ou vai nascer nas seguintes datas:

> De 29 de janeiro de 1998 a 15 de fevereiro de 1999: Tigre de Terra.

> De 14 de fevereiro de 2010 a 2 de fevereiro de 2011: Tigre de Metal.

> De 10 de fevereiro de 2022 a 20 de janeiro de 2023: Tigre de Água.

Se o seu leonino é de Coelho...

A criança nascida sob o signo do Coelho é um poço de paz, busca sempre a harmonia (até que, com certeza, explode, e da pior maneira possível). Ela não gosta de surpresas nem de corre-corres, já que a tensão a deixa nervosa e ela pode se distanciar da realidade, submergindo no seu mundo à espera de que as coisas se resolvam sozinhas. É uma criança sociável, com talento artístico, muito fantasiosa. Adora entreter a família e os amigos.

Desde bebê, a criança de Coelho pode chorar muito e ser bastante apegada à mãe. Ela precisa e pede, aos gritos, a estabilidade e um ambiente harmonioso, assim como algumas rotinas. É uma criança extremamente sensível e carinhosa, muito tranquila, feliz e falante. Ao mesmo tempo hábil, sagaz e presunçosa, ela sabe se impor, embora seja de natureza prudente e tenha dificuldade em tomar decisões.

Ela se preocupa muito com as outras pessoas, é compreensiva e muito boa conselheira; sempre estará disposta a ajudar e escutar. Ela é como uma pequena ONG ambulante, muito bondosa, e você precisa ensiná-la a não ser ingênua.

Ela é muito autocrítica e tem dificuldade em aceitar os erros, tanto os próprios quanto os dos outros.

- Aspectos positivos: é divertida, carinhosa, brilhante e confiável.
- Aspectos negativos: é crítica e rancorosa.
- Compatibilidade: o Coelho se dá bem com a Cabra, a Serpente e o Javali. Ele tem certa dificuldade para se relacionar com o Rato e o Galo.

O seu filho é de Coelho se nasceu ou vai nascer nas seguintes datas:

> De 16 de fevereiro de 1999 a 5 de fevereiro de 2000: Coelho de Terra.

> De 3 de fevereiro de 2011 a 22 de janeiro de 2012: Coelho de Metal.

> De 21 de janeiro de 2023 a 8 de fevereiro de 2024: Coelho de Água.

Se o seu leonino é de Dragão...

A criança nascida sob o signo do Dragão é muito vivaz, impetuosa, inteligente e tem uma personalidade forte desde pequena, além de ser muito orgulhosa. Ela possui uma grande capacidade de liderança, bem como dons artísticos. De um modo geral, sabe conseguir o que quer graças às suas grandes habilidades sociais e porque é divertida, criativa e surpreendente.

A sua grande imaginação a leva, às vezes, a querer ficar sozinha para poder sonhar acordada. Não raro, ela dará a impressão de ter vindo de outro planeta. Ela própria costuma se sentir diferente das outras crianças.

Não suporta bem as rotinas, é uma criança escandalosa e inquieta, que poderia muito bem ser o rebelde da escola, embora, devido à sua grande ingenuidade, acabe sempre sendo perdoada, já que nunca age de má--fé. Ela é direta e segue em frente com a verdade, embora queira ter sempre razão. Apesar da sua natureza independente (praticamente desde o berço), ela se adapta a todos os tipos de ambiente e tende a se mostrar exatamente como é.

- Aspectos positivos: é íntegra, enérgica, resistente, leal e protetora.
- Aspectos negativos: adora chamar a atenção de qualquer jeito.
- Compatibilidade: o Dragão se dá bem com a Serpente, o Macaco e o Galo. No entanto, tem dificuldades em se relacionar com o Javali e o Cão.

O seu filho é de Dragão se nasceu ou vai nascer nas seguintes datas:

> De 6 de fevereiro de 2000 a 24 de janeiro de 2001: Dragão de Metal.

> De 23 de janeiro de 2012 a 9 de fevereiro de 2013: Dragão de Água.

> De 9 de fevereiro de 2024 a 28 de janeiro de 2025: Dragão de Madeira.

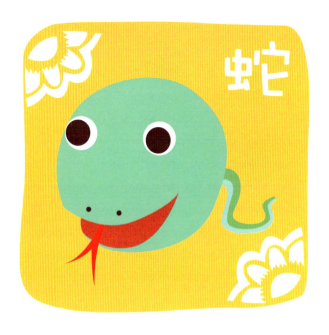

Se o seu leonino é de Serpente...

A criança nascida sob o signo da Serpente é sensível, sedutora, intuitiva, muito vivaz e parece ter uma sabedoria inata. De fato, ela sempre pergunta os porquês de tudo e adora investigar e analisar todas as coisas, com bastante empenho. A sua curiosidade não tem limites, e ela possui um humor mordaz. Com poucas palavras, ela diz tudo.

Ela quer fazer as coisas do jeito dela, e por isso costuma escolher cuidadosamente os amigos. Só se cercará daqueles que realmente valham a pena. É um pouco desconfiada, porém muito astuciosa, tendo uma espécie de sexto sentido bastante desenvolvido.

Ela parece tranquila por fora, mas é muito agitada por dentro. Não gosta de sobressaltos, embora se adapte às mudanças, depois do faniquito habitual. É amante da ordem e exigente.

É um pouco rancorosa e pode ter um ataque de raiva com a pessoa que lhe cause um mínimo transtorno. Se não gosta de alguma coisa, não se deixará convencer de jeito nenhum, e se você insistir, ela explodirá violentamente. Ela tem muita força de vontade com relação àquilo que deseja.

- Aspectos positivos: é esperta e tem ideias claras, é autoconfiante e persistente.
- Aspectos negativos: não suporta falhar, é ciumenta.
- Compatibilidade: a Serpente se dá às mil maravilhas com o Coelho, o Galo e o Dragão. Não chega a se entender bem com o Cão e o Tigre.

O seu filho é de Serpente se nasceu ou vai nascer nas seguintes datas:

> De 25 de janeiro de 2001 a 11 de fevereiro de 2002: Serpente de Metal.

> De 10 de fevereiro de 2013 a 20 de janeiro de 2014: Serpente de Água.

> De 29 de janeiro de 2025 a 16 de fevereiro de 2026: Serpente de Madeira.

Se o seu leonino é de Cavalo...

A criança nascida sob o signo do Cavalo é muito tagarela desde bebê. É aberta, brincalhona, e precisa ter um grupo de amigos e permanecer ativa o tempo todo. Ela é sincera, independente e espontânea, sabe se impor e costuma alcançar todos os seus propósitos, embora se distraia com facilidade. Quando algo a contraria, ela tem uns chiliques espetaculares. Quando perde a cabeça, ela se transforma em uma pessoa com pouca tendência a refletir; se mostra impetuosa e faz de tudo para conseguir o que deseja, embora sem nenhuma má intenção.

Ela luta pelo que quer e combate o que considera injusto, de modo que batalhas de todos os tipos estão garantidas. Ela adora estar envolvida em qualquer assunto e também gosta de oferecer a sua colaboração e atuar como mediadora em discussões alheias.

Além disso, ela gosta de se fazer notar, e o seu caráter agradável e a sua grande simpatia a tornam bastante popular. A sua facilidade com as palavras é extraordinária, mas não tem a mesma facilidade com relação à capacidade de escutar, pois costuma perder a paciência.

- ASPECTOS POSITIVOS: é popular, alegre, inventiva, tem reflexos rápidos.
- ASPECTOS NEGATIVOS: é impetuosa e impaciente.
- COMPATIBILIDADE: o Cavalo se dá bem com o Tigre, a Cabra e o Cão. No entanto, tem menos afinidade com o Javali e o Boi.

O seu filho é de Cavalo se nasceu ou vai nascer nas seguintes datas:

▷ De 27 de janeiro de 1990 a 14 de fevereiro de 1991: Cavalo de Metal.

▷ De 12 de fevereiro de 2002 a 31 de janeiro de 2003: Cavalo de Água.

▷ De 31 de janeiro de 2014 a 18 de fevereiro de 2015: Cavalo de Madeira.

Se o seu leonino é de Cabra...

A criança nascida sob o signo da Cabra é tranquila, tolerante, carinhosa, criativa e tem certo ar fantasioso, graças à sua grande imaginação. Na realidade, ela possui um talento artístico extraordinário, bem como uma grande vontade de ajudar e ser útil. É uma criança hipersensível, que chora e se queixa por qualquer coisa, certamente preocupada com assuntos que não têm a menor importância para você.

Ela tem certo ar independente, não lhe incomoda ficar sozinha porque sabe se entreter perfeitamente. Não tolera bem os tumultos nem a pressão, e, sendo este o caso, ela sempre foge ou arma um circo. Ela pode ter dificuldade para se expressar e talvez exploda no momento menos esperado por ter aguentado demais.

Tem uma grande capacidade de compreensão, e por esse motivo costuma estar rodeada de muitos amigos, apesar de ser normalmente tímida a princípio. Ela precisa de contínuas demonstrações de carinho, porque só assim consegue se abrir. Não tolera bem as rotinas, a pressão ou as críticas, e também não gosta de conflitos; prefere a resistência passiva e os silêncios inquietantes.

- Aspectos positivos: é generosa, amável e discreta.
- Aspectos negativos: é mandona e indecisa.
- Compatibilidade: a Cabra costuma se relacionar bem com o Coelho, o Cavalo e o Javali, mas tem dificuldade para se entender com o Rato, o Boi e o Cão.

O seu filho é de Cabra se nasceu ou vai nascer nas seguintes datas:

> De 15 de fevereiro de 1991 a 3 de fevereiro de 1992: Cabra de Metal.

> De 10 de fevereiro de 2003 a 20 de janeiro de 2004: Cabra de Água.

> De 19 de fevereiro de 2015 a 7 de janeiro de 2016: Cabra de Madeira.

Se o seu leonino é de Macaco...

A criança nascida sob o signo do Macaco é sociável, compreensiva, curiosa, ágil, criativa e sabe conseguir o que deseja. É uma grande pensadora, amante da boa vida, independente, tem muita imaginação e um eterno senso de humor.

Tem facilidade para convencer as outras pessoas e também para resolver problemas graças ao seu talento e à sua habilidade para captar detalhes que os outros não percebem.

Sempre estenderá a mão a todos os que lhe parecerem precisar de ajuda, embora possa se meter onde não é chamada. Com frequência, não consegue parar quieta, e a curiosidade pode lhe causar vários inconvenientes. Ela capta e processa informações com extrema velocidade.

O seu ar inquieto, encantador e divertido faz com que ela conquiste as pessoas e as atraia para o seu terreno. É muito insolente e brincalhona; adapta-se sem dificuldade a qualquer ambiente; é camaleônica e um pouco atriz. Adora pregar peças e fazer travessuras, e quanto mais você a repreende, mais traquinices ela inventa.

- Aspectos positivos: tem reflexos rápidos, é divertida, criativa, tem grande capacidade de memória.
- Aspectos negativos: tende a fazer fofocas, sofre de falta de concentração.
- Compatibilidade: o Macaco se dá bem com o Boi, o Coelho e a Serpente. Tem problemas de comunicação com o Tigre e o Galo.

O seu filho é de Macaco se nasceu ou vai nascer nas seguintes datas:

> De 4 de fevereiro de 1992 a 22 de janeiro de 1993: Macaco de Água.

> De 21 de janeiro de 2004 a 7 de fevereiro de 2005: Macaco de Madeira.

> De 8 de fevereiro de 2016 a 27 de janeiro de 2017: Macaco de Fogo.

Se o seu leonino é de Galo...

A criança nascida sob o signo do Galo tem um encanto natural, um excelente senso de humor, é comunicativa, alegre e muito expressiva. Ela gosta de ser vista. É um tanto orgulhosa e tem dificuldade em ceder, mas é fácil lidar com ela. Ela adora compartilhar tudo e sabe conquistar a simpatia das pessoas, embora às vezes se comporte de uma maneira brusca com quem não concorda com as suas ideias.

É tranquila, sensata, alerta e curiosa, embora também seja muito sonhadora. Acima de tudo, ela ama a boa vida, mas ao mesmo é muito esforçada. Adora aprender coisas novas, mas, se estas não atraem o seu interesse, ela fica extremamente entediada ou se rebela diante delas. Ela pode se dispersar ou falar demais, ser muito direta e perder a diplomacia.

Ela interage com facilidade com as outras crianças e é muito complacente com todo mundo em geral porque é amável, sincera e escrupulosa. Tem grande capacidade de concentração e às vezes parece que analisa as pessoas através de raios X.

Não gosta de encrencas e prefere seguir as normas. Sabe analisar e resolver todo tipo de problema graças ao seu espírito prático e lógico.

- ASPECTOS POSITIVOS: é atenta, tem ideias profundas e comunica-se bem.
- ASPECTOS NEGATIVOS: é desconfiada e egoísta.
- COMPATIBILIDADE: o Galo se relaciona bem com o Tigre, o Dragão e a Cabra. No entanto, não se dá tão bem com a Serpente, o Coelho e o Cão.

O seu filho é de Galo se nasceu ou vai nascer nas seguintes datas:

▷ De 23 de janeiro de 1993 a 9 de fevereiro de 1994: Galo de Água.

▷ De 8 de fevereiro de 2005 a 28 de janeiro de 2006: Galo de Madeira.

▷ De 28 de janeiro de 2017 a 14 de fevereiro de 2018: Galo de Fogo.

Se o seu leonino é de Cão...

A criança nascida sob o signo do Cão é muito sociável, intuitiva, inquieta, vaidosa, sabe dialogar e se mostrar coerente desde bem pequena. Sabe saltar em defesa de situações que considera injustas. Gosta que todo mundo se sinta bem e adora fazer brincadeiras.

Gosta de agradar os outros e entretê-los. Mesmo assim, o seu caráter não é fácil. É despreocupada, porém muito teimosa; quando coloca uma coisa na cabeça, faz o impossível (e inimaginável) para conseguir o que quer. Costuma ter acessos de raiva muito fortes por causa da sua teimosia, mas é uma criança que escuta a razão e a lógica.

Ela é muito instintiva e é uma boa organizadora. Tem o espírito altruísta e generoso, está sempre disposta a estender a mão para defender os amigos, os quais são muito importantes para ela. É confiável e sabe o que quer, embora às vezes se preocupe com assuntos sem importância. Não sabe mentir e tampouco faz uso de rodeios.

É muito criativa e consegue se entreter horas a fio, sabendo inclusive inventar as próprias brincadeiras.

- Aspectos positivos: é leal, aprende com rapidez e tem muita iniciativa.
- Aspectos negativos: é intransigente e obstinada.
- Compatibilidade: o Cão se dá bem com o Cavalo, o Boi e o Macaco. Entretanto, não consegue se relacionar bem com o Dragão e a Cabra.

O seu filho é de Cão se nasceu ou se vai nascer nas seguintes datas:

> De 10 de fevereiro de 1994 a 30 de janeiro de 1995: Cão de Madeira.

> De 29 de janeiro de 2006 a 16 de fevereiro de 2007: Cão de Fogo.

> De 15 de fevereiro de 2018 a 3 de janeiro de 2019: Cão de Terra.

Se o seu leonino é de Javali...

A criança nascida sob o signo do Javali é sincera e bondosa e tem muito senso de humor. Ela pega as coisas no ar, embora você tenha a impressão, em um primeiro momento, de estar falando com uma parede. Ela precisa brincar o tempo todo, é caseira e não gosta muito de multidões.

Ela não tem dificuldade para se socializar; é apenas um pouco tímida no início, mas se dá bem com todo mundo e sempre estende a mão à primeira pessoa triste que encontra. Por isso mesmo, por ela confiar muito nas pessoas, é preciso ensinar-lhe que nem todo mundo tem boas intenções.

É apaixonada por música e boa comida. Pode comer sem parar, portanto é preciso impor alguns limites quanto a isso.

Ela é bastante indecisa e ingênua, mas avança sempre com a verdade. Tem dificuldade para mudar e reflete demais sobre as coisas, com frequência perdendo oportunidades. É respeitosa e pacífica, não gosta de brigas e tende a evitar as confrontações. Não tolera bem as discussões e sempre procura fazer com que todo mundo se reconcilie. Além do mais, ela sabe como conseguir isso. Na verdade, ela sempre costuma conseguir o que quer.

- Aspectos positivos: é inteligente, sincera, corajosa, popular e amável.
- Aspectos negativos: é desligada e obstinada.
- Compatibilidade: o Javali se dá bem com a Cabra, o Coelho e o Cão. Tem pouca afinidade com a Serpente e o Rato.

O seu filho é de Javali se nasceu ou vai nascer nas seguintes datas:

- De 31 de janeiro de 1995 a 18 de fevereiro de 1996: Javali de Madeira.
- De 17 de fevereiro de 2007 a 6 de fevereiro de 2008: Javali de Fogo.
- De 4 de janeiro de 2019 a 23 de janeiro de 2020: Javali de Terra.

Impressão e Acabamento:
Vallilo Gráfica e Editora
graficavallilo.com.br | 11 3208-5284